成长的要素

善用时间

[美] 帕米拉·埃斯普兰德　[美] 伊丽莎白·弗迪克　著

汪小英　译

河北出版传媒集团　河北少年儿童出版社

前　言

要是有一些方法，教人怎样过上幸福生活，你想不想试一试？

现在你可能已经跃跃欲试了吧？那么这个系列就是为你而准备的。这套书一共八本，名字叫作《成长的要素》。

成长的要素到底指的是什么？

成长要素是你在成长中需要的、对自己的生活有用的东西。这些要素并不是汽车、房子、珠宝等用金钱来衡量的东西。我们说的这些要素，能让你做到最好，成为更好的自己。这些要素既可以是外界的因素，也可以是内在的因素，既可以是其乐融融的家庭环境、治安稳定的住所，也可以是你正直诚实的品格、对学业的信心和计划。

这类要素一共有三十九种。这本书讲到了其中三种，我们把这些要素统称为合理利用时间要素，指的是你独自或和朋友、家人以及关心你的人一起，做一些有趣、好玩的事情。有了这几种要素，你就不太容易觉得无聊。你会

合理利用时间要素	
名称	解释
培养爱好	参加美术、音乐、戏剧或文学创作等活动。
参加课外活动	参加校内或校外专为少年儿童组织的课外活动。
安排家庭时间	每天留出一段时间与家人一起做一些有趣的事情，而不是独自看电视、玩电脑。

培养自己的爱好，勇于尝试新事物；你会变得活跃、有创造性、灵感不断！

这套书其余的七本，讲了另外三十六种要素。三十六种要素不算少，你不用一下子就都了解，也不必按固定的顺序来掌握。不过，越早掌握，你的收获就越大。

这些要素为什么很重要？

美国有一家叫作"探索研究院"的机构对几十万美国青少年进行了深入的跟踪调查。研究者发现：有些孩子成长得非常顺利，有些则不然；有些孩子成了"坏男孩""问题少女"，有些却没有。

是什么原因让他们如此不同呢？原来，是这些成长要素！具备这些要素的孩子就可能成功,不具备这些要素的孩子往往很难获得成功。

你也许会觉得:我还是个孩子,非要学会这些要素不可吗? 孩子也有选择的权利。你可以选择被动地让别人来帮你,也可以选择主动地采取行动,或者寻找关心你、愿意帮助你的人,帮助你获得这些要素。

这本书里有很多地方需要你与他人配合。这些人除了爸爸妈妈、兄弟姐妹、爷爷奶奶等与你亲近的人,还包括与你同龄的同学、朋友和邻居,除此之外还有老师和辅导员等成年人。他们都会乐于帮助你,和你一起努力,争取让你早日获得这些要素。

很可能已经有人在帮助你了，比如，你拿到的这本书就是他们给的吧？

如何阅读本书

选择一种要素开始读，从某个章节开始的故事读起，一直看到结尾，这些故事解释了日常生活里的成长要素是什么。随便选一种要素，试着做一做，看看效果如何。读完一章，再选一章接着往下读。

你不必要求完美，做得和书中一丝不差。你要明白，你是在迎接新的挑战，在做一件了不起的事情！

你获得的要素越多，你对自己就越感到满意，越感到有信心。眼看你就不再是个孩子，要进入青少年阶段了。学会了这些要素，你感到很有把握，不气馁，你会做出更好的选择。你已经航行在一片充满挑战的大海上。

　　翻开这本书，你已经踏上探索学习这些要素的路，我们祝你一路顺风！

　　　　　　帕米拉·埃斯普兰德

　　　　　　伊丽莎白·弗迪克

目 录

培养爱好

参加美术、音乐、戏剧或文学创作等活动。

热爱音乐的秋阳（上）

秋阳不是什么天才儿童，功课一般，拉小提琴这个爱好开始得也不算早。他上初一时，妈妈结识了夏老师——芭蕾舞团退休的小提琴手。妈妈问秋阳想不想跟夏教师学琴，秋阳觉得很好。于是妈妈请老师选了价格中档、音质好的小提琴，商量了上课时间和费用，就开始了。邻居老奶奶说，她朋友的孩子学琴，练琴的声音可不好听，吱吱呀呀的，自己都不爱听，

练了没多久，就放弃了。

秋阳的妈妈把邻居的事讲给他听，给他打好预防针，让他知道学琴不是什么轻松的事情。秋阳心想，自己可不能那样。秋阳是个心思细致的内向男生，他每天晚上都要上练一小时的提琴。练琴一方面提高了他的技能，一方面给了他一个舒解情绪的方式。刚学琴不久，班里举办新年联欢会。秋阳拿上小提琴，为同学们认认真真拉了一曲《小星星》。

秋阳学琴全是因为喜欢，不是为了考级。这种喜欢——也就是爱好，有了兴趣爱好才能坚持不懈。每周末他都要去夏老师家学琴。开始是家长带着，后来是自己独自去，不管刮风下雨，天冷天热，甚至假日，秋阳雷打不动。即使是去旅行，他也要随身带着小提琴。

秋阳拥有培养爱好这一素质。

现在，想一想你自己。你是否每周都在做一些自己感兴趣的事情呢？

如果回答是肯定的，那么你正在培养爱好。请你继续读下去，学习如何巩固这种要素，把它发扬光大。

如果回答是否定的，也请你继续读下去，学习如何获得这种能力。

你也可以用这些方法来帮助他人获得这种能力，比如你的家人、朋友、邻居和学校里的同学。

你知道吗？ >>>

拥有兴趣爱好的孩子

· 更有自尊

· 学习成绩更好

· 更善于与人相处

◀ 如何获得这种要素 ▶

在家里

去上兴趣班

凡是你感兴趣、想学的，都可以去了解一下，试一试，无论是唱歌、跳舞、表演、摄影、画画还是演奏乐器。你不清楚你到底喜不喜欢这种活动？那就去了解一下吧。告诉大人，你

对什么感兴趣，让他们帮你。

你可以报名参加为青少年办的各种兴趣班活动。

不要轻易放弃

上课不见得对每个人都有用，学习这些课程的过程也不一定会非常顺利。假设你喜欢上了长号，父母终于给你买了一支，并报了长号

小提示：

学费太贵？也许你的邻居里就有一位钢琴老师。你可以去和他谈谈，主动提出为他做家务用来抵学费。家里没有钢琴？也许可以向老师申请一下，借用学校的钢琴，或者也可以借朋友的。只要你想学，就一定能想出办法。

班。但第一次长号课你就不喜欢，第二次课更叫你讨厌。你吹出来的声音很难听，简直就像牛叫。别灰心，这是常有的事儿。别责怪自己，也别轻易放弃。两次课的表现水平说明不了什么，为什么不多给自己一些时间呢？再尝试上两三周的课吧。也许你需要时间去学习。人人都有自己的特长。比如：即使你不是举世闻名的音乐家，你也喜欢演奏乐器。那么你可以试

以试着吹一吹口琴，或者用手边的东西——一截木头、桶、旧铁锅——敲击出好听的节奏（在做之前一定要问问父母能用不能用）。多尝试会更了解自己的兴趣是什么。

不用追求完美

摄影时没调好焦距，在浴室里才常能唱出

好听的歌声，这有什么可丢人的？把颜色涂到了线条外，歌词一时压不上韵，这也没什么。

玛丽·卢·库克是一名教师兼作家，也是一位了不起的全才，她曾经说："创造就是发明、尝试、成长、冒险、打破陈规、犯错误、享受乐趣。"这是很值得分享的经验！

悄 悄 话

　　每当练习普利耶（一种芭蕾动作）或说唱时，你是否会觉得自己做得很不自然？在尝试新事物时，有这种感觉是常有的事儿。假如你的兄弟姐妹有画画的天赋，或者是合唱团的领唱，光芒四射，你该怎么办？你照样可以做你感兴趣的事情。因为跟他们比起来，你虽然没有在聚光灯下，但在做你想做的事时你也是开心的，你很享受做这些事情的乐趣。培养爱好的目的不在于给别人留下深刻的印象，也并不需要总在众人面前表演，而是为了让自己开心。

在家里发挥爱好的能力

不一定非要通过上课才能发挥出你的能力，你独自一人也可以培养爱好。别没完没了地看电视，拿起纸笔，画一幅自画像吧。你要是有彩色铅笔，或者蜡笔，也可以自己动手创作一本漫画书；还可以从图书馆借一本折纸书，做一做折纸；还可以找几本旧杂志、剪刀和胶水，自己做拼贴；或者用相机或手机拍出好看的照片，或者做一个家庭录像集。

全家一起体验艺术

开个家庭会议，讨论一下哪些创造性活动全家人可以一起体验。你可以从当地的报纸得到很多活动信息。博物馆有专为家庭开放的夜场展览吗？公园里有免费的音乐会吗？有没有全家人都喜欢的作家在书店签售自己的作品？你能否去看中学里演出的戏剧或音乐剧？家的附近有新开的画廊吗？每月至少安排一天，和

全家一起欣赏艺术，让每个人都会机会选择自己喜欢的艺术形式。

> **小提示：** 全家人还能这样欣赏艺术：听听音乐；读读诗；看一部由戏剧改编的电影；分角色朗读剧本；从图书馆借美术画册，全家一起看；浏览博物馆的网站；全家人进行创作，比如做一个剪贴画册，或者做一个小视频。想一想，全家人能一起做的还有什么？

互相帮助

你的哥哥是乐队成员吗？你爸爸是业余演员吗？你的姐姐加入了合唱团吗？不要错过他们的演出，你要去给他们加油！请朋友和其他家人跟你一起去。

利用学校资源

学校有美术课、音乐课或者艺术兴趣班吗？如果有，那你真是幸运，要尽可能地好好利用这样的机会。要是学校里举办绘画比赛、合唱团大赛、啦啦操比赛等，你要积极参加你感兴趣的活动，因为通常会有老师来辅导你，提高你的能力。

支持艺术教育

你认为学习音乐、美术、戏剧重要吗？如果你觉得重要，可以写信给校领导和有关人士，告诉他们你的想法。如果你的学校有艺术类的课程和活动，你要表达感谢。如果没有，可以写信告诉他们你需要艺术课程。如果朋友的想

法和你一样，请他们签上自己的名字，注意言辞要文明恳切。

多参加活动

要多参加学校举办的才艺展示活动。如果你的学校还没有这类活动，可以建议老师开展这样的活动。比如，"小发明"展览是一种很有创造性的科学活动。你可能对某个项目很有想法，或者你想展示一个很特别的东西。"小发明"展览是有一定的规则的，要先向老师询问清楚。

学习艺术的八大好处

1. 文字创作可以激发你的写作潜能，增加你的词汇量。

2. 表演有助于提高你的阅读和表达能力。

3. 音乐能减轻你的压力。

4. 美术能让人变得更敏感，帮你培养多角度的思维方法。

5. 艺术可以培养耐心、坚持不懈、善于解决问题、敢于冒险等美好品质。

6. 通过学习艺术特长，你看还可以获得自信，懂得怎样与人交往，有自我认同感。

7. 通过欣赏不同文

化背景下的各种艺术表演或展示，你会更加包容，尊重他人，有同情心。

8. 学习艺术让生活变得更有意思，更有趣。

其实，艺术给你带来的好处还远远不止这些！

在 社 区

支持社区的艺术活动

邀请父母或其他大人一起去听本地音乐会、看话剧或者其他演出。了解一下相关信息，有不少这样的活动是免费入场的。查看一下博物馆和美术馆的网站，有些博物馆有免门票日。在社区街头或购物中心，你也可能会看到本地艺术家的表演。

举办社区"达人秀"

在小区或附近的公园里举办一场街坊四邻"达人秀",不光孩子参加,大人也要参加。也许哪个孩子的妈妈会演奏乐器,或是谁的舅舅会变魔术,请大家带上吃的,演出结束后一起分享。

和朋友在一起

一起培养爱好

朋友也可以一起培养爱好,并搞一些创作。制作一部小电影怎么样?也许你的朋友当中就有人是个摄像高手,还会剪片子。或者编一个小品、相声或者哑剧,然后表演给更小的孩子看。也许你的父母会允许你在自己的房间或客厅的墙上画一幅壁画。

成立兴趣小组

　　和朋友成立一个艺术兴趣小组。如果你们来自不同的学校，去彼此的学校的音乐会或戏剧节参加演出也是不错的选择。你们还可以一起参观博物馆。

小提示：

　　如果你想参观博物馆，可以提前给馆里的负责人打个电话，询问一下能否安排一位讲解员带领你们参观。如果博物馆无法安排的话，还可以问一下工作人员能否租用一个导游耳机。

选择一种你在上文中读到的方法，试一试。之后回想一下，或记下发生了什么。你是否还愿意尝试别的方法，培养更多的兴趣爱好呢？

热爱音乐的秋阳（下）

这学期的学习课程安排得很紧张，还要学琴，秋阳的空闲不多，他想找机会和朋友一起玩。周末中午，上完小提琴课，坐汽车回家时，他就打电话给朋友，把他们约到自己家里。伙伴们来到家里，先听他拉上几支新练的曲子，之后他们就一起出去痛痛快快地玩到了天黑。

自从学习了拉小提琴，秋阳开始留意好听的曲子，对比不同的版本，他迷上了民歌。又从民歌里知道了不少爱尔兰、苏格兰、美国的历史和文化。他深入研究，看了不少书和电影，尤其喜欢研究那些关于怀念故土的民歌的背景资料，秋阳几乎成了这方面的专家。《安瑟瑞

的原野》唱的是爱尔兰饥荒中，穷人只因为偷了个玉米就被流放到澳大利亚的悲惨故事。《我的肯塔基故乡》唱的是南北战争过后，黑人奴隶虽然获得自由，但一贫如洗，衣食无着，于是怀恋起他的家乡肯塔基的农场，温和的主人夫妇，农场上的土豆玉米……

他一遍遍地欣赏、学习，增长了不少人文知识，音乐欣赏能力也得到了提高。他会找来

同一支曲子的不同版本，反复比较，辨析不同演奏者的风格和技术上的差别。

秋阳现在去到了外国学习，加入了当地的音乐俱乐部，邻居阿姨办生日聚会，他为大家拉了《流浪者之歌》，赢得一片掌声。秋阳虽然没有继续再跟着老师学琴，但自己也坚持网络上查找大师的教学视频，认真模仿，现在可以拉出更加复杂的曲子，夏老师说，那已经是小提琴考级中九、十级的水平了。

爱好是最好的老师，真是这样。

参加课外活动

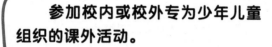

参加校内或校外专为少年儿童组织的课外活动。

埃丽卡的烦恼（上）

埃丽卡是一个流浪动物保护组织的志愿者，她加入这个组织已经两年了。这个志愿者组织会照顾流浪的动物，并帮助它们找到主人。这个组织其中一个小组里有埃丽卡、阿碧、玛利亚和珍四个女生，她们给自己的小组起了个有趣的名字——"爱宠小姐妹"。她们并不是在拉帮结派，而是在一起积极地参加志愿活动，还向其他朋友介绍这个组织，并鼓励他们加入。

最近，埃丽卡家中发生了一些变故。她的父母打算离婚，已经分居一段时间了。她爸爸搬到了别的地方，她妈妈重新找了一份工作，有时还要上夜班。

在父母分居的日子里，埃丽卡往返于父母

的住所之间。她几乎每天早晨醒来时都在想："真希望这只是一场噩梦。"

最近几次流浪动物保护组织开会，埃丽卡都没有参加，因为她的爸爸妈妈都没时间开车接送她。其实埃丽卡可以搭朋友家长的车，甚至可以搭领队马蒂妮丝的车。但这样一来，她就要解释为什么要搭别人的车，别人就会知道她家里的事情。她并不想说。

父母离婚的事怎么能开得了口？所以，她总是为无法参加活动编造各种借口。例如"我病了""作业太多了"或者"要参加家庭聚会"。

埃丽卡讨厌对朋友和领队撒谎，但她又想不出其他更好的办法。

这天，埃丽卡家的电话铃响了，是珍打来的。珍说："嗨，埃丽卡，最近怎么样？可别忘了明天要开会。咱们明天要讨论很多重要的事情，包括买动物食品、组织'狗狗领养日'的志愿工作。你会来的吧？"

埃丽卡吞吞吐吐地说："嗯……我觉得有点儿头疼，不知道能不能去……"她又撒谎了。

埃丽卡加入了有意义的志愿者组织，但父母分居使她的生活有了很大变化，她不知道怎

么才能让生活恢复正常。

回想一下你的日常生活。你是否每周都有几小时和朋友们一起活动？你是否参加体育活动、俱乐部活动或其他课余活动？

如果回答是肯定的，那么你具备了参加课外活动这一要素。请你继续读下去，学习如何巩固这种要素，把它发扬光大。

如果回答是否定的，也请你继续读下去，学习如何获得这种能力。

你也可以用这些方法来帮助他人获得这种能力，比如你的家人、朋友、邻居和学校里的同学。

> **你知道吗？ >>>**
>
> 经常参加活动的孩子
>
> · 社交能力更强
>
> · 不大容易惹麻烦
>
> · 更能理解他人

◀ 如何获得这种要素 ▶

在家里

立即行动

不论什么时候，你总能找到一些可以参加的活动。想参加学校的运动会吗？今天就可以打听一下什么时候举办。或者加入社区适合儿童参加的俱乐部活动。你也可以让家人帮你发掘一下你感兴趣的事情，不论是运动还是当志愿者，然后列个单子，打电话进一步询问。

小提示：

参加活动是培养成长要素的关键！如果你想三十几种要素全部都获得，那就从参加活动开始吧！

问问别人

你有哥哥姐姐吗？你的朋友有没有哥哥姐姐？他们在你这个年龄时参加过哪些活动？你可以和大孩子聊一聊，向他们请教一下。

家庭俱乐部

你也许每周会有一两次课外活动，但是你自己也想举办一些你感兴趣的家庭俱乐部活

动。首先你要征得家长同意，然后再自己办一个活动小组，每周一次或每月若干次在你家活动。活动可以有各种主题，比如读书、运动、集邮等。

在 学 校

参加学校里的课外活动

总结一下你们学校有什么课外活动。你们学校可能有很多社团或兴趣小组，只是你还没有听说过。也许你可以把学校里所有的课外小组列出来制作成小海报，经校方允许后把它张贴在海报栏，这样别的同学也可以看到。

付出时间和精力

如果你参加了一项课外活动，一定要坚持

一段时间，即使你一开始感到不是那么喜欢。有些同学总是半途而废，或者参加的活动太多，有些顾不上来。假如你还算喜欢自己参加的某个活动，而且觉得某个活动环节还能做得更好，为什么不去告诉负责的老师呢？提出一些好的建议，帮助改进活动。

小提示：

当你和有关负责人交谈的时候，可以先跟他们聊聊活动的优点，这样就不会让人觉得你在挑刺。例如你可以将"麦克老师，我们一周才打两次排球。难道不能每天都打吗？"换为"麦克老师，打排球太有意思了！能不能每周多打几次呢？"

策划新活动

如果你对学校的活动都不感兴趣，可以策划一个新活动。先找五到十个有共同兴趣的同学，聚在一起，讨论一下要组建一个什么样的社团，你们的任务和目标是什么，以及你们要做哪些事。写下你们的想法。然后和学校的老师谈一谈，请他支持或推荐其他人支持你们的活动。

加入公益性质的社团

想做有意义又有意思的事情吗？那就参加学校的公益社团或者志愿者社团吧！这类型的社团的目标一般是保护环境、扶助贫困儿童、保护动物、推广阅读等。你也可以拜访其他学校，或者问问在别处上学的朋友，了解一下那里的学生是怎么做的。如果你自己想办一个这样的社团，那就去问问老师和其他成年人，看看他们能为你提供什么样的支持。

参加志愿服务的十一个地方

1. 公园或名胜景点 —— 当导游

2. 医院 —— 设计一幅板报

3. 图书馆 —— 举办一次艺术展

4. 学校 —— 辅导低年级学生

5. 敬老院或老年人之家 —— 当一名小志愿者

6. 公益基金会 —— 当一名小志愿者

7. 儿童福利院 —— 当一名小志愿者

8. 环保组织 —— 当一名小志愿者

9. 灾后援助组织 —— 当一名小志愿者

10. 非营利组织 —— 当一名小志愿者

11. 流浪动物收容所 —— 当一名小志愿者

参加课外活动的九个理由

1. 放学可以待在安全、固定的活动场所。

2. 可以做自己喜欢的事情。

3. 可以结交新的朋友。

4. 能认识更多关心儿童的成年人。

5. 培养正确的价值观。

6. 增强自尊心。

7. 学习新技能。

8. 认识到自己的才能
和不足。

9. 让度过的时光更有
意义。

多留意社区活动

有很多社区会专门为孩子开展体育活动。体育能帮助你增强体能、增长智力、让你更加自信。经常锻炼能让身体保持健康敏捷。社区的运动一般不像学校里那样激烈，也不注重输赢。这样可以吸引更多的孩子参加，你也不用担心自己能力不够。看看你家附近都有什么样的体育活动，约上几个朋友一起参加吧。

和朋友在一起

问问朋友们是怎么做的

你的朋友们可能住在不同的街道，在不同的学校上学，做的事也和你不太一样。他们参加了什么活动？你可以打电话或发邮件去问一下他们是否喜欢这些活动？和参加活动的其他人相处得如何？学到了什么新本领？看看其中有没有你感兴趣的。

如果你的朋友也想参加课外活动，你们可以一起去尝试一下。和朋友们一起参加课外活动时，你会感到更加轻松和快乐。而且，在活动的时候，也不会觉得很尴尬。

在课外活动中，认识新朋友是非常有趣的。对你们来说，这种活动提供了很好的机会，你们可以借此认识、结交新的朋友。

选择一种你在上文中读到的方法，试一试。之后回想一下，或记下发生了什么。你是否还愿意再尝试其他方法，参加校内或校外的活动呢？

埃丽卡的烦恼（下）

珍在电话里问："埃丽卡，你怎么了？最近总听说你在生病，大家都想知道你到底怎么了。马蒂妮丝老师说，她要给你妈妈打电话，问问你为什么一直不来开会。"

埃丽卡可不想解释，至少眼下不想。"珍，我爸爸回来了，我得走了。" 她又说了谎，然后匆忙地挂断了电话。

第二天放学，妈妈接她回家时对她说："告诉你一个好消息，我可以在上班时顺路把你送到流浪动物保护组织那儿，活动结束时，你爸爸会接你回来。这样你就不会错过开会了。"

但埃丽卡又撒了一个谎："今天的会议取消了，因为领队马蒂妮丝感冒了。"

妈妈说："真是太遗憾了，我知道你有多么喜欢这个组织的活动。那我们只能回家了。"

一进家门，埃丽卡一下子坐在沙发上哭了起来。她哭着说："妈妈，马蒂妮丝并没有生病。流浪动物保护组织现在正在开会，只是我不想去。她们一定想知道我为什么错过了这么多次会议，她们会问很多问题，但我不想说咱们家的事情。没人会懂的！"

妈妈坐在她身边，说："我觉得你的朋友们会懂。我现在就给单位打电话，说我要晚点儿去。咱们得好好谈谈。"

就在妈妈打电话时，门铃响了。埃丽卡打开门，惊奇地看到领队马蒂妮丝和她的朋友们站在门外。

她们一起说："我们来看望埃丽卡。"

埃丽卡惊讶得说不出话来。

马蒂妮丝温和地说："我们不知道现在来看你是否合适。但如果你需要陪伴，我们就在你身边。"

埃丽卡说："真没想到……不过，真是一个惊喜！"

马蒂妮丝笑着说："你不打算让我们进屋

里去吗？"

埃丽卡把门推开，向里边喊："妈妈！看看谁来了？"

大家进屋后，玛利亚宣布："我们投票决定，如果你不能来开会，我们就把会定到你家里来开，可以吗？"说着她从一个保温箱里拿出饼干、柠檬汽水和纸杯，摆在桌子上。

埃丽卡的妈妈走进来，开心地向大家打着招呼。

马蒂妮丝说："我们这么冒昧地来拜访，希望您别介意。我们只待一小会儿。我们来是希望埃丽卡可以明白，一个团队并不只是意味着大家一起做有意义的事情——虽然这也是非

常重要的，但更是意味着大家有福同享、有难同当。对不对，姑娘们？"

大家齐声回答："对！"

埃丽卡说："好的，我明白了。我真的非常想念你们。"她央求妈妈说，"妈妈，能让她们多待一会儿吗？我们可以告诉她们到底发生了什么事吗？"

妈妈笑着说："当然可以。不过，请你先给我拿块饼干。"

家庭时间

每天留出一段时间与家人一起做一些有趣的事情，而不是独自看电视、玩电脑。

小雅的家庭聚会日（上）

小雅大声喊："我回来了。今天训练结束得晚，抱歉！"她向爸爸和姐姐小静说了声"嗨"，就冲进了自己的房间。

小雅正在找衣服，听到妈妈回来了，她跑出来对妈妈说："我闻到了饭的香味儿。其实在半路上我就觉得饿了。"

小雅拿出她喜欢的条纹睡衣，心想："太

好了，干净的，能穿。"她换好衣服和拖鞋，朝厨房走去。爸爸和姐姐也穿着睡衣。她在爸爸的脸上亲了一下，看了看锅里的美食，说："看起来很好吃。"

小静说："我正在煮面条，妈妈在炒菜，你去把碗筷摆好。"小雅想：小静真爱指使人。但她没有说出口，毕竟星期五是家庭聚会的日子，她不想扫了大家的兴。妈妈穿着蓝睡袍走进厨房，说："拥抱我一下吧。"大家都把她围

在中间，拥抱她。

小雅一边把碗放到桌子上，一边说："今晚我要玩找线索的游戏。"

"你每次都玩找线索。"小静说着，翻了个白眼。

小雅生气地回答："好吧，我看你只想玩没意思的扑克牌。"

"好了，别吵了。"爸爸板着脸说，但他并没有真生气。事实上，他正认真地拌凉菜呢。小雅觉得，爸爸穿着紫睡衣和围裙的样子有点儿可笑。这是他们周五晚上的传统：大家穿着睡衣，一起做晚饭，然后一起玩游戏。一个人可以选一个游戏，其他人要非常投入地玩。当然，要把电视和电脑关掉。

小雅才摆好了碗筷，门铃就响了。她从猫

眼儿看到卡门站在外面。卡门住在小雅家楼下，经常来和小雅一起玩。门外的卡门穿着一套搞怪的睡衣，冲着小雅开心地笑。小雅说："啊噢，各位，好像来了一位新成员！"

小雅拥有安排家庭时间这个要素，她最喜欢与家人共度温馨的时光。

现在来回想一下你自己的日常生活。你会和家人一起做有趣的、有创造力的

事情吗?你在家里除了看电视、玩电子游戏或盯着手机,会不会做其他事呢?

如果回答是肯定的,那么你具备安排家庭时间这一要素。请你继续读下去,学习如何巩固这种要素,把它发扬光大。

如果回答是否定的,也请你继续读下去,学习如何获得这种能力。

你也可以用这些方法来帮助他人获得这种能力,比如你的家人、朋友、邻居和学校里的同学。

◀ 如何获得这种要素 ▶

在家里

全家一起吃饭

你和你的父母可能非常忙，所以你们全家不太可能每个晚上都一起吃饭。但你们可以尽可能抽时间多聚在一起。很多研究表明，那些经常和家人一起用餐的孩子，不容易染上吸烟、

喝酒、吸毒的恶习，而且饮食习惯相对健康。

另外，经常和家人一起用餐的孩子不易产生焦虑，

也不容易感到无聊，当然，功课也会更好。所

有这些好处，只要和家人一起吃饭就可以得到！

保证家庭时间

工作、学习，劳累了一天，到家之后，很

多人只会做吃饭、写作业和那些"必须"要做

的事情，不知不觉的，就该洗脸睡觉了。这里有一些方法可以为你的家庭增加一些乐趣：共读一本书，玩玩猜谜游戏，出门遛遛狗，聊一聊今天遇到了哪些事——这些都是很好的家庭时间的活动。

全家一起活动

选择一件大家都感兴趣的事情（最好是随时可以放下，又随时能捡起来的事情）。例如：一起做剪贴簿或完成一幅拼图。或每月做一份家庭相册，寄给在远方亲人。

共享家庭时间的七个建议

1. 在网上看一部搞笑电影。你们可以买一些小零食，全家一边吃一边看电影。

2. 每个人放自己最喜欢的音乐，可以是老歌或新歌，大家一起听。如果你们想跳舞的话，那就放开跳吧！

3. 在后院、地下室或客厅里"露营"过夜。

4. 一起种东西。每人负责一小块地或是阳台或窗台的一盆花。

5. 一起做游戏——如果你家有很小的孩子，那就做点儿简单的游戏；如果年纪足够大，那就来点儿复杂的，比如大富翁或棋牌类游戏。

6. 一起做一桌周末大餐，每个人都贡献一道菜。如果你把煎饼、凉拌菜、布丁还有饺子搭配在一起，结果会怎么样？虽然这些食物放在一起看起来有点儿不搭，但偶尔试一试也未尝不可。

7. 制作一本独一无二的漫画书，每个人都要贡献一幅画或一个故事。

好好度过独自在家的时间

当家中只有你自己时，如果你觉得无聊，很可能会打开电视或玩电子游戏。这些事情做一会儿还可以，但一定不要一直这样下去。你可以发挥你的想象力和创造力，比如制作一个模型、画幅画、收藏一种东西、写一个故事、唱歌跳舞或只是坐着休息。

关注家人

平时你有很多事情要去考虑，要去做。而那些天天和你生活在一起的人，往往很容易被你忽略。你可以尽力表示自己在关注他们所想、所做的事情。比如，你可以说："妈妈，你在读什么杂志呢？"当然，你也可以这样：和你

的家人待上一个小时，不论他们想做什么，都陪他们做——即便你觉得很无聊或很幼稚的事情，但也许你会得到意想不到的乐趣！

读一本好书

舒服地蜷在沙发里，读一本好书。学校留的作业可以先放在一边——现在的时间完全属

于你自己。如果你不知道自己该读什么，那就问问你的老师或比你年长的朋友，他们应该会为你推荐适合你的书。

欣赏家人

你最喜欢你爸爸妈妈或其他家人的什么地方？你能在每一位家人身上找出至少三个你欣赏的优点吗？把这些优点写出来，给你的家人看。也许你可以写出十个甚至更多。现在想一想每个人身上那些独一无二的特点。

> **小提示：**让这件事成为全家的活动。每个人都要在其他人身上找到至少三个让自己喜欢的地方，并且保证其中一个是独一无二的特点。

定期开家庭会议

家庭会议可以使家人的互动更加频繁，能够解决生活中的某些问题并让每个人参与到家庭决策。如果你家没有定期开会的习惯，你可以问问你的爸爸妈妈是否愿意试一试。

促进家庭会议顺利进行的六个建议

1. 定好开始和结束的时间、地点。例如：每周四晚饭后，七点到七点半，在餐厅。

2. 提前几天让大家在纸上写下家庭会议上讨论或者要做的事情，并以纸上的内容作为会议议程。

3. 事先达成一些基本意见。例如：每个人都要有发言的机会；别人说话时，大家要很尊重地听；不许抱怨，也不许大叫。

4. 每次开会时选个主持人。每个人都应该有机会主持——不只限于成人。

5. 轮流发言，可以传一个"发言棒"，传到

谁那儿，谁就可以发言，别人不许打断。什么都可以当"发言棒"：一根筷子，一把尺子，一个勺子。或许你们可以专门做一个漂亮的"发言棒"。

6. 争取每次按时结束，不要一直拖延。

尊重家人

对待家人要有礼貌，多说"谢谢""请"；嚼东西时要闭上嘴；想要什么时，要求时有礼貌，而不是哭闹或大喊；别人发言时要好好听，不能讽刺、打断、骂人，或者不经允许就拿别人的东西。想做个有礼貌的孩子吗？可以找一些介绍礼仪的小手册学习一下。

在学校

留意小事

每天至少记下一件学校里发生的事情，讲给家人听。也许是午餐有多么难吃，也许是科学课有多么有意思，也许是校长在晨会时打了个嗝儿。不论是什么事情，要是家人问到今天

学校发生了什么事情时，你总有的可说。

在 社 区

邀请邻居来做客

  和家人一起想一想，在你们小区里，你们想认识谁，可以邀请他们来吃晚饭，聊聊家常。如果相处得不错，可以尝试做些别的事情，比如一起看电影或逛公园，再比如一起去野餐或出去玩一天。当亲戚住得比较远时，这些都可以让你的朋友圈得到拓展。

小提示： 如果你了解到某些人的家庭环境不是很温馨，那就努力去帮助他，让他成为你家的一分子，这将改变他的生活方式。

和朋友在一起

请朋友来你家

尽可能经常请朋友来你家，让他们觉得自己也是你们家中的成员。也许他们也会请你去他们家做客,这样你们就会拥有很多个"家"了。

悄 悄 话

对有些孩子来说，家并不是一个让人愉快的地方。可能是他们在家里没有安全感，又或者没有人陪在他们身边，他们总是自己一个人待着。如果你觉得在家里不快乐，那就去让你感觉好一点儿的地方多待会儿。报名参加合适的课外活动或去朋友家。无论如何，找一个你觉得安全并且受欢迎的地方，不要总是闷闷不乐地待在让你不开心的地方。

开始添加！

选择一种你在上文中读到的方法，试一试。之后回想一下，或记下发生了什么。你是否还愿意再尝试其他方法，让你的家庭时光变得更有意义、拥有更多乐趣呢？

小雅的家庭聚会日（下）

小雅不知道能否将卡门请入家中，因为他们的家庭聚会日只属于他们一家人。她小声说："妈妈！卡门来了，她好像也想加入我们。她还穿了睡衣呢！我以前和她说过咱们的家庭聚会日，但我可没请她来呀。"

妈妈说："但是我们不能让她穿成那样站在门外，对吗？"

小雅点点头。她打开门，说："嗨，卡门，快请进。"

小雅的妈妈笑着说："卡门来啦！我们正要吃晚饭，和我们一起吃，好吗？"

卡门说："好的，谢谢。"

小雅和小静惊讶地看着对方，因为爸爸妈

妈总是明确表示星期五晚上是家庭时间，一定要留给家人。她们不敢相信爸爸妈妈自己先打破了规矩。

爸爸说："小雅，再拿一份餐具。"

吃饭时，小雅的爸爸妈妈问了卡门一些基本问题——她喜欢学校吗？参加了什么活动？她家里怎么样？卡门说："我父母每周五都会加班到很晚。我小时候有一个照顾我的保姆，但现在我长大了，保姆离开了，所以只能一个

人在家。不过我一点儿都不害怕。"

妈妈说："吃完饭你给他们打个电话，让他们知道你在我们家，这样他们就放心了。"

小雅又夹起一个水饺，瞥了卡门一眼，心想："我可不想每个星期五都一个人待着。不管她怎么说，我觉得她一定会害怕。"

大家都吃完后，卡门站起来准备收拾碗筷。小雅的爸爸说："不用，不用。请坐。你是客人。我们的规矩是客人和大厨——今天是你和我——可以坐着聊天，由其他人收拾桌子。现在告诉我你最喜欢的游戏是什么？"

小雅微笑望着爸爸，在心里说："谢谢爸爸。你和妈妈是最棒的！"

写给大人的话

美国一家非营利组织"探索研究院"做了一项广泛深入的调查。调查结果表明，所有健康成长的孩子都具备所谓的"成长要素"。"成长要素"有以下几类：支持要素、环境赋予能力要素、边界与期望要素、合理利用时间要素、学习承诺要素、价值观要素、社会能力要素、积极的自我认识要素。

本书以及其他七本，构成《成长的要素》系列丛书，帮助少年儿童自觉地在生活中学习、培养这些帮助他们健康成长的要素。但是我们应当明白，培养这些要素需要我们大人的帮助和配合。在生活中，孩子最需要的是父母、家人、老师以及关心爱护他们的人。好好听孩子说话；

记住他们的名字；了解他们的生活；为孩子们提供发挥潜能的机会；在他们摔倒时伸出援手；提供保护，使他们免受伤害。这些都是孩子们需要的。

基于"探索研究院"的研究结果，本套书将孩子健康成长所需要的三十九种成长要素分两大类，即外在的要素和内在的要素。外在要素指的是外界对孩子的认可和支持、环境赋予孩子积极行动的能力及规章制度等等。内在的要素是指价值观、自我认知、自我管理技巧等，这是孩子们内在的能力。这些能力的培养还要得到家长的帮助。

这本书讲的就是其中一类要素，也就是合理利用时间要素。通过培养这些要素，孩子将学会合理地利用时间，与负责任的成年人一起、参加有组织的活动，以及精心安排课外生活、家庭活动。

有些成年人乐于奉献自己的时间，引导孩子们学习艺术和创作，帮他们组织活动。这样的成年人从根本上改变了无数孩子的生活。但是只有这些还不够，我们不想让孩子因为过多的课外活动而远离家庭。于是我们提出了安排家庭时间这个要素，希望每个孩子每一天都应当有一段和家人一起度过的优质时间。

孩子们需要的是平衡时间分配：固定时间和自由时间的平衡、独处时间和互动时间的平衡、学习时间和休息时间的平衡……我们应当给孩子们提供有趣而又积极的活动，同时也应当留给孩子一些时间，让他们养精蓄锐，或者独自思考。

书后的附录中列出了这三十九种成长要素，并有简单的介绍。

感谢您这样的有心人，使本书能够到达孩子或与他们有关的成年人手中。我们期待着孩子们能更加顺利地成长，并且欢迎您提出建议，帮助修订本书，使它更丰富、更适于应用。

帕米拉·埃斯普兰德

伊丽莎白·弗迪克

促进八至十二岁儿童身心健康发展的三十九种要素（即成长的要素）

外在要素

支持要素

1. 家庭支持——在家中，家人支持你、爱你。

2. 积极的家庭交流——你能和父母轻松愉悦地交谈，会自然而然地征求他们的意见。

3. 与其他成年人的支持——家长以外的成年人会帮助你、支持你。

4. 邻里关怀——你的邻居认识你、关心你。

5. 校园关爱——在学校，你与老师、同学相处融洽，常常彼此关心，彼此鼓励。

6. 家长参与学校活动——父母积极参与学校活动，帮助你取得好成绩。

环境赋予能力要素

7. 受到重视 —— 身边的大人愿意重视你，倾听你，赞赏你。

8. 参与决策 —— 无论是在家里还是在其他场合，你都能参与决策，发表意见。

9. 服务他人 —— 家庭、校园、社区为你提供帮助身边的人的机会。

10. 安全意识 —— 在家庭、校园、社区中，你有安全感，会注意个人安全，并求助大人维持这些地方的安全。

边界与期望要素

11. 家庭边界 —— 家里有明确且固定的规定，如果你违反了规定，就要承担一定的后果。

12. 学校边界 —— 学校有明确的规定，如果你违反规定就会受到相应的惩罚。

13. 邻里边界 —— 你的邻居会关照社区里的

孩子。

14. 成人榜样——你的父母和你认识的其他成年人做事积极、负责任，为你树立了很好的榜样。

15. 同龄人的积极影响——你的好朋友做事积极、负责任，对你产生了正面影响。

16. 高期望——父母和老师希望你在学校和其他活动中表现出自己最好的一面。

合理利用时间要素

17. 培养爱好——参加美术、音乐、戏剧或文学创作等活动。

18. 参加课外活动——参加校内或校外专为少年儿童组织的课外活动。

19. 安排家庭时间——每天留出一段时间与家人一起做一些有趣的事情，而不是独自看电视、玩电脑。

内在要素

学习承诺要素

20. 成就动机 —— 你希望在学校里取得好成绩，并为此努力学习。

21. 学习投入 —— 不论在校内还是校外，你都乐于了解新的事物，主动学习。

22. 完成作业 —— 能按时、独立完成作业。

23. 关心学校 —— 关心学校的老师和其他成年人，和他们关系密切。

24. 喜欢阅读 —— 喜欢看书，几乎每天都看，并从中获得乐趣。

价值观要素

25. 关心他人 —— 经常关心、问候他人，主动为他人提供帮助。

26. 追求平等 —— 提倡人人平等，不欺凌弱小。

27. 坚守信念 —— 拥有自己的准则并坚持到底。

28. 诚实守信 —— 说真话，不说谎，言行一致。

29. 有责任感 —— 对自己的行为负责，不找借口，不推卸责任。

30. 有健康意识 —— 讲卫生、爱整洁、经常锻炼身体，养成健康的生活习惯。

社会能力要素

31. 计划与决策的能力 —— 能认真思考做出选择，懂得事先制订计划，对自己的决定感到满意。

32. 人际交往能力 —— 喜欢交友，能关心他人和他们的感受；在烦恼和生气的时候，能让自己平静下来。

33. 认同多元文化的能力 —— 理解不同民族、不同文化背景的人，能与他们和谐相处。认同自己的文化，并为之自豪。

34. 拒绝的能力 —— 远离可能带来麻烦的人，拒绝做危险或错误的事。

35. 和平解决冲突的能力 —— 不使用尖刻的话语和武力，和平解决冲突。

积极的自我认识要素

36. 控制力 —— 有一定能力去控制生活中发生的事情。

37. 自尊心 —— 认可自己，尊重自己，为自己感到骄傲。

38. 价值感 —— 会思考生活的意义、生命的价值，为未来定下目标。

39. 正能量 —— 对自己的现在和未来充满希望。

成长的要素培养计划

　　读完本书，请认真想一想，你要怎样在生活中培养这些要素呢？写下你的计划吧！

《成长的要素》丛书简介

关心你的人

    帮助孩子们建立起六种支持要素：家庭支持、积极的家庭交流、与其他成年人的支持、邻里关怀、校园关爱、家长参与学校活动。

积极行动　勿忘安全

    帮助孩子们建立起四种环境赋予能力要素：受到重视、参与决策、服务他人、安全意识。

不跨边界　追求卓越

    帮助孩子们建立起六种边界与期望要素：家庭边界、学校边界、邻里边界、成人榜样、同龄人的积极影响、高期望。

善用时间

    帮助孩子们建立起三种合理利用时间要素：培养爱好、参加课外活动、安排家庭时间。

爱学习　会学习

帮助孩子们建立起五种学习承诺要素：成就动机、学习投入、完成作业、关心学校、喜欢阅读。

明辨是非

帮助孩子们建立起六种价值观要素：关心他人、追求平等、坚守信念、诚实守信、有责任感、有健康意识。

做对选择　交对朋友

帮助孩子们建立起五种社会能力要素：计划与决策的能力、人际交往能力、认同多元文化的能力、拒绝的能力、和平解决冲突的能力。

为自己而骄傲

帮助孩子们建立起四种积极的自我认识要素：控制力、自尊心、价值感、正能量。

图书在版编目（CIP）数据

善用时间 ／（美）帕米拉·埃斯普兰德，（美）伊丽莎白·弗迪克著；
汪小英译．— 石家庄：河北少年儿童出版社，2018.10
　　（成长的要素）
　　ISBN 978-7-5595-1752-4

　　Ⅰ．①善…　Ⅱ．①帕…　②伊…　③汪…　Ⅲ．①时间－管理－少儿读物
Ⅳ．① C935-49

中国版本图书馆 CIP 数据核字（2018）第 209527 号

Copyright © 2005 by Pamela Esplend, Elizabeth Verdick, Search Institue
and Free Spirit Publishing
Original edition published in 2005 by Free Spirit Publishing Inc.,
Minneapolis, Minnesota, U.S.A., http://www.freespirit.com
under the title: Smart Ways to Spend Your Time
All rights reserved under International and Pan-American Copyright Conventions.

著作权合同登记号　冀图登字：03-2017-034

成长的要素

善用时间
SHAN YONG SHIJIAN

[美] 帕米拉·埃斯普兰德　[美] 伊丽莎白·弗迪克　著　汪小英　译

策　　划	段建军　李雪峰　赵玲玲	版权引进	梁　容
责任编辑	李　璇	特约编辑	梁　容
美术编辑	牛亚卓	装帧设计	杨　元

出　　版	河北出版传媒集团　河北少年儿童出版社
	（石家庄市中华南大街 172 号　邮政编码：050051）
发　　行	全国新华书店
印　　刷	北京启航东方印刷有限公司
开　　本	787mm×1092mm　1/32
印　　张	3.125
版　　次	2018 年 10 月第 1 版
印　　次	2018 年 10 月第 1 次印刷
书　　号	ISBN 978-7-5595-1752-4
定　　价	20.00 元